Allitera Verlag

Michael Groißmeier, geboren 1935 in München, Lyriker und Erzähler, lebt in Dachau. Für sein literarisches Werk wurde er mehrfach ausgezeichnet, u. a. mit der Bürgermedaille der Großen Kreisstadt Dachau, der Ehrengabe der Stiftung zur Förderung des Schrifttums, dem Verdienstkreuz am Bande des Verdienstordens der Bundesrepublik Deutschland und dem Bayerischen Poetentaler. Er war Ehrengast der Deutschen Akademie Villa Massimo in Rom. Der literarische Vorlaß befindet sich beim Literaturarchiv Monacensia der Landeshauptstadt München. Im Allitera Verlag erschienen »Der Zögling« (Autobiografie), »Im Leuchtkäferlicht« (Haiku), »Suche nach Avalun« (Gedichte), »Garten meiner Kindheit« (Gedichte), »Die Wirklichkeit des Traums« (Gedichte), »Auferstehungslust« (Gedichte), »Die Eiszapfenharfe« (Haiku), »Leben mit Bäumen« (Gedichte und Gedanken) sowie »Atemholen« (Gedichte).

Michael Groißmeier

Der Lärm der Stille

Gedichte

Allitera Verlag

Weitere Informationen über den Verlag und sein Programm unter:
www.allitera.de

Originalausgabe
Dezember 2015
Allitera Verlag
Ein Verlag der Buch&media GmbH, München

Umschlaggestaltung unter Verwendung
einer Fotografie von Michael Schmädel
Printed in Germany · ISBN 978-3-86906-833-6

Für Margit und Andrea

Stille ist immer vollkommener als Musik.
Man muß lernen, ihr zuzuhören.
Arvo Pärt, der »Komponist der Stille« (The Telegraph)

Still läßt der Baum die stillen Blätter fallen –
und ich die Worte, die mir wehe tun.
Sergej Jessenin

Nachts war irgendein unklarer Gedanke in meiner Seele, da ging ich ins Freie und erblickte meinen Gedanken im Fluß.
Michail Prischwin

Meine Versuche sind nach Maßgabe dessen vollendet, was mir zu erreichen möglich war.
Frédéric Chopin

Auf meine Weise

Es ist mir bekannt,
daß alles schon einmal beschrieben
wurde.
Rainer Malkowski

Mir ist es wohlbekannt, doch habe
ich eine eigne Sicht der Dinge.
Ich trage wie in einer Wabe
in mir die Wörter, die ich singe.

lch singe sie auf meine Weise,
zwar nach den altbekannten Noten,
jedoch sind's eigne Töne, leise,
die aussend ich als meine Boten.

Von der Schwierigkeit, ein Gedicht zu beginnen

Wie das Gedicht beginnen?
Wer gibt mir ein das Anfangswort
und weitre Wörter fort und fort,
mir einen Vers zu spinnen?

Wie das Gedicht beschließen?
Wer gibt mir ein den rechten Schluß?
Ich wart auf der Euterpe Kuß!
Doch was, wenn ich, o welch Verdruß!,
von ihr werd abgewiesen?

Am Anfang eines Gedichts

Ich weiß an seinem Anfang nicht,
wohin mich das Gedicht entführt.
Beginnt die erste Strophe schlicht,
wie's einem Dichterlein gebührt,

will hoch hinaus die zweite Stroph.
In dieser fühl ich mich so recht
als naseweiser Philosoph,
mach Konkurrenz gar Benn und Brecht.

Die dritte gänzlich mir mißlingt!
Hätt ich bescheiden angehört,
was vor die Nachtigall mir singt,
fänd einen Vers ich, der betört!

Wie ich es auch mach, es ist verkehrt!

Erhöbe ich der Minne *süezen* Sang,
den edlen *frouwen* würd wohl angst und bang.
Ritt durch die Lande ich als Troubadour,
mir drohte um den Hals die hanfne Schnur!

Drum les ich lieber meinem Ehweib vor,
das weist mich sicher nicht von Tür und Tor.
Doch gleicht mein Vers nicht Rilekens Sonett,
läßt mich die Allerliebste nicht ins Bett!

In den Himmel zu Hölderlin

... und noch süßer als Duft von Jasmin
ist der Wohllaut, den Versen verliehn.
Fjodor Sollogub

Der Verse Wohllaut und der Verse Duft,
nach ihnen hab ich lebenslang gestrebt,
nach Leichtigkeit, nach einem Hauch von Luft,
auf dem der Vers, dem Falter gleichend, schwebt.

Nach Versen hab ich lebenslang gestrebt,
die atmen Duft vom blühenden Jasmin.
Gelang's mir, hab ich nicht umsonst gelebt,
komm in den Himmel ich zu Hölderlin!

Nur diese zwei Zeilen!

Und hörte aus weiter Ferne
Ein Posthorn im stillen Land.
Joseph von Eichendorff

Und hörte aus weiter Ferne
ein Posthorn im stillen Land.
O wie hätt ich dies gerne
geschrieben mit eigener Hand!

Nur diese zwei Zeilen,
unsterblich wäre mein Nam',
der nach kurzem Verweilen
ins Dunkel schwindet, aus dem er kam!

Stille

Die Stille nimmt
den Umriß einer Schale an …
Walter Helmut Fritz

Und auch die der Früchte,
die sich auf ihr häufen.
Will die süße Stille
in den Mund mir träufen!

Will am Gaumen nichts als
Stille kosten, Schweigen,
Verse, süßer noch als
Saft von Trauben, Feigen!

Ein schlechter Rat

Sterbliche! Sterbliche! Lasset dies Dichten!
Andreas Gryphius

Ein schlechter Rat! Grad weil ich sterblich bin,
laß ich nicht ab vom Dichten; denn ich finde
in redlichem Bemühen einen hohen Sinn,
weil, geb ich mich der Muse hin,
ich meine Sterblichkeit so überwinde!

Kein Übermensch

Hoch wuchs ich über Mensch und Tier.
Friedrich Nietzsche

Nie *wuchs ich über Mensch und Tier*,
auch, Pinie, nicht empor zu dir!

Drum fürchte ich auch nicht den Blitz,
und wenn ich meinen Bleistift spitz,

bescheiden schreibe mein Gedicht,
erzürn ich Zeus gewißlich nicht!

Mein Bildnis

Vous me demandez mon portrait.
Alexandre Pouchkine

Kleinwüchsig nennt man mich,
bin geistig auch kein Riese!
Gedichte reime ich,
und manches Glas ich gieße,

wenn mir ein Vers gelingt,
mir hinter meine Binde!
Und wenn die Saite springt
der Geige, die ich schinde,

freut auch der Mißton mich!
Nichts kann mich traurig stimmen!
Den Tod, so trau er sich,
werd ich gehörig trimmen!

Die Sternschrift

Der Sterne Hieroglyphenschrift,
sie zu entziffern müh ich mich
vergeblich. Mein gespitzter Stift
nur wirre Zeichen, Strich um Strich,

hinkritzelt auf das Schreibpapier,
und was ich suche, find ich nicht!
Nicht offenbart die Sternschrift mir:
das ewig gültige Gedicht!

Beim Schein der grünen Lampe

... leuchtete helles Licht auf,
darauf ein ruhiges Grün,
man hatte die Lampe
mit dem Lampenschirm bedeckt.
Anton Tschechow

Die grüne Lampe hat
was Magisches an sich.
Bei ihrem Schein les ich
auf einem leeren Blatt

– mich täuscht mein Auge nicht! –
die wundersamste Schrift,
die, fährt sie nach mein Stift,
sich fügt mir zum Gedicht.

Das Rätsel

Das Spiel von Laub und Licht
an meiner Zimmerwand,
mir scheint es ein Gedicht
in Mandarin. Wes Hand

aus einem andern Land,
und wessen Pinselstrich
gibt auf mir an der Wand
ein Rätsel wunderlich?

Ich kann nicht Mandarin
und lös das Rätsel nicht!
Erst wennn ich drüben bin,
versteh ich das Gedicht!

Atlantis

Der Vers ein Schiffchen aus Papier,
des Flusses Fließen anvertraut,
ein Land zu finden, weit von hier,
und das noch keiner je geschaut,

das niemand noch gefunden hat,
von dem man voller Sehnsucht spricht,
von dem nur weiß im Wind das Blatt –
und das man findet im Gedicht.

Vor hohen Domen

Betrachte ich den Kölner Dom,
betrachte ich mir Notre-Dame,
schmeck ich der Ewigkeit Arom
an meinem Gaumen, doch auch Gram,

daß ich vor diesen Höhn ein Wicht,
ein winzger bin, ein Stäubchen nur,
des unvollkommenes Gedicht
im Wind verweht ganz ohne Spur.

Der Kette Glied

Ich bat ja um kein andres Los den Himmel
Als das des Sängers ...
Maximilian Woloschin

Nie aber schrieb ich Heldensagen, Dramen.
Mein Streben gilt nur dem bescheidnen Lied.
Ich habe keinen Kreis George Sandscher Damen.
Ich streife lieber einsam durch das Ried.

Ich nenn die Wesen, mir vertraut, beim Namen
und weiß in langer Kette mich als Glied.
In meinem Innern keimt der Blumen Samen,
in meiner Kehle schwillt des Vogels Lied.

Ich bin auf du und du mit Echsen und Agamen
und mit der Ringelnatter sanft im Ried.
Mir heult der Wolf das Totenamt, das Amen,
fällt in der Nacht mir zu das Augenlid.

Ihr meinet wohl, ich fiele aus dem Rahmen,
wenn ich euch sag, der Hund auch singt mein Lied.
Die nie mir über meine Lippen kamen,
er bellt die Strophen als der Kette Glied.

Dichter der Romantik

Ich sei ein Dichter der Romantik,
die längst versunken im Atlantik,
so spöttelt er auf hohem Roß,
der göttergleiche Kritikos.

Vorbei die Eichendorffschen Zeiten
mit ihren Wälderseligkeiten,
so räsoniert der Kritikus,
verzapft noch manchen andern Stuß.

Ich pfeif auf seine weisen Lehren,
bewispre weiterhin die Beeren
und hör das Posthorn, was verpönt,
das aus dem längst Vergangnen tönt!

Ich bin ein Dichter der Romantik
und halte viel von der Semantik,
doch nichts von Hackepeterei
der Heutgen, Wörterhäckselei!

Mich der Reimer

Ein Wort kommt ihm gerade recht,
das auf ein anderes sich reimt:
wie Senn auf Benn und Knecht auf Brecht!
Wär's anders, wär dies abgefeimt!

Zweitrangig ist für Mich der Sinn!
An erster Stelle steht die Form!
Ist auch im Krug kein Wasser drin,
entspricht er, bauchig, doch der Norm!

Mein Pegasus

Ich habe auf das falsche Pferd gesetzt?
Mir reicht mein Klepper, den ich reite!
Wer vorschnell schon sein Messer wetzt,
der springe schnell zur Seite;

denn auch mein Pegasus schlägt aus
und zeigt ihm seine Zähne!
Ich reite ohne Sattel aus
und halt mich fest an schüttrer Mähne!

Ich brauch kein Rassepferd, mir reicht
mein altersgrauer Schimmel!
Er trägt mich mühelos und leicht
empor zum Dichterhimmel!

Nicht weiser als ein Buchenblatt

Und nur am Rande vermerkt
Den Hahnenfuß und das Veilchen.
Marie Luise Kaschnitz

Hab ich nicht rechtschaffen gewerkt
und beigetragen zum Ganzen mein Teilchen,
auch keineswegs *am Rande vermerkt*
den Hahnenfuß und das Veilchen!

In all meinen Gedichten hab ich versucht,
die Wunder der Natur zu preisen.
Hab manche Kritik dafür verbucht
der über mir Naivem stehenden Weisen –

die aber nicht weiser sind als ein Buchenblatt,
ohne dessen Photosynthese
auch der Weise keine Luft zum Atmen hat
trotz gelehrter These und Antithese!

Der Dichter

Was gilt denn heutzutage noch der Dichter!
Man müßte Maler sein und sonstiges Gelichter,
ein Ultra-Futurist und Pinselschwinger,
man müßte Fußballtrippler sein und Freistilringer!

Man müßte haben eine freche Fresse,
dann wär man allzeit in der Regenbogenpresse!
Die Leute gieren nach Skandalberichten
und haben nichts am Hut mit Langeweil-Gedichten.

Den Menschen kam die Seele längst abhanden.
Das Wort, das gute, wahre, schöne, ward zuschanden.
Der Dichter, früher war er Volkserzieher,
heut ernten Zotenreißer Johlen und Gewieher!

Das Hässliche

Ist noch das Schöne schön in dieser Zeit?
Schalom Ben-Chorin

Ist noch das Schöne schön in dieser Zeit,
da ohne Scham und Scheu das Häßliche
im öffentlichen Leben sich macht breit?
Das für den Menschen Unerläßliche:
das Gute, Wahre, Schöne längst entweiht!

In dieser Zeit das Schöne wird verlacht.
Den Zeitgeschmack bestimmt die Gosse.
Das Schöne kommt für sie nicht in Betracht.
Das Dichterwort verkommt zur Posse.
Längst übernahm das Häßliche die Macht.

Wofür man sich zu früherer Zeit geschämt,
das will man heute offenbaren,
das wird als Selbstverwirklichung verbrämt.
Der Thespiskarren in den Dreck gefahren!
Das Tier im Menschen – ungezähmt!

Das Dichterwort

Ich suche Trost im Wort, das niemals noch mich trog …
Theodor Kramer

In einer Welt, die voller Gier nach Geld,
such Trost ich in dem Wort der Dichter.
Bei ihnen find das Wort ich unverstellt.
Ihr Wort macht mir die Seele lichter .

Das Dichterwort mich niemals noch belog.
Es ist das Unterpfand der Wahrheit,
und es bewahrt vor mindrer Geister Sog,
erstrahlt vor Schönheit, ewger Klarheit.

Der Dichter lebt in einem heilen Land,
in dem noch Milch und Honig fließen.
Der Kritiker mit Unverstand
vermißt sich, seinen Sud hineinzugießen.

Des Menschen Sprache

Dir auch ist der Mischmasch unerträglich.
Boris Pasternak

Mir *ist der Mischmasch unerträglich*,
ich geb dir, Bruder Boris, recht.
Die Heutgen nerven mich unsäglich,
ein überzüchtetes Geschlecht!

In meiner Achtung steigt der Affe,
der wahrlich unverbildet lebt,
dem nicht das Wasser reicht der Laffe,
der über alles sich erhebt.

Ich achte sie, des Affen Sprache,
mit der Natur in Harmonie.
Des Menschen Sprache ward zur Brache,
sein Wort zur Scharlatanerie.

Pythagoras

Pythagoras hörte die Sterne summen.
Du sagst : Ich höre nichts dergleichen,
wenn nur die Geschäfte brummen,
alles andere kann man streichen!

Noch nie was gehört von pythagoräischen Sätzen?
Du sagst: Mich kann das alles nicht jucken,
was die Leute so schwätzen!
Ich kann nur drauf spucken!

Und was dieser Pythagoras zu hören glaubte,
das war vermutlich ein Mückensurren,
das ihm den Nachtschlaf raubte –
oder ganz einfach sein Magenknurren!

Aristoteles

... alter Weltarschpauker Aristoteles ...
Heinrich Heine

Lieber Heinrich, warum du benamste
Aristoteles so despektierlich,
war doch dies Gesamtgenie manierlich!
Daß du, großer Dichter, dich nicht schamste!

War der *Weltarschpauker* doch Erzieher
unsres Abendlandes, das sich nennet
christlich, doch nicht mehr den Lehrer kennet,
der zu Humanisten macht' uns Viehcher!

Heine

Ich fragte ihn nach Heinrich Heinen:
Er kenne dieserorts nur einen,
es sei der Bauer Hinrich Heinen,
sein Nachbar, sollt ich diesen meinen,
der handle allerdings mit Schweinen,
doch einen Dichter kenn er keinen!

Nein, nein, ein Dichter bist du, Bruder!

Der Versemacher Puschkin bleib ich …
Alexander Puschkin

Nein, nein, ein Dichter bist du, Bruder,
kein *Versemacher* so wie ich,
der überzuckert sie mit Puder,
die Verse, kritisiert man mich!

Bist auch ein ausgekochtes Luder
und bürstest Damen gen den Strich!
Dagegen ich: naiver Bruder,
kein Gockel und kein Gänserich!

Ein Traum

In einer weißen Petersburger Nacht,
so träumte ich, wankt' ich vom Heumarkt heim,
wo ich die Zeit mit Saufen zugebracht,
berauscht, im Ohr noch einen leisen Reim,

den todessüchtig Sergej rezitiert'.
Ein Funke noch Verstandes glimmt in mir.
Ich vegetier seit je im Dachgeviert.
Die Seele ein im Leib gefangnes Tier.

Jessenin, Bruder, du erhängst dich noch
in dieser weißen Petersburger Nacht,
indes ich trunken schnarch in meinem Loch,
das Mondlicht höhnisch dir ins Antlitz lacht.

An jenem *grünen Abend*

Für Sergej Jessenin

An jenem *grünen Abend* wär ich gern
bei dir gewesen als dein guter Stern!
Ich hätte dich vom Fensterkreuz gedrängt,
an dem du mit dem Ärmel dich erhängt!

Ich hätte dich umarmt, ans Herz gedrückt,
die Füße dir zu küssen, mich gebückt!
Ich hätte, Bruder, mich vor dir verneigt,
vor deiner Schwermut, die dein Vers uns zeigt!

Was bleibt

Wie unser Leben so spurlos verfliegt!
Sergej Jessenin

So spurlos verfliegt es wohl nicht,
das Leben, uns allen geschenkt!
Ist's auch ein Geringes, es bleibt,
und sei es ein einzigs Gedicht!

Du, Sergej, warst grundlos verzagt,
hast sinnlos dein Leben verschenkt!
Es sei dir ins Grab noch gesagt,
daß deiner man kniend gedenkt!

Widerrede

O dies Gedicht wird nicht im Sand verlaufen!
Marina Zwetajewa

Du kennst es nicht, Marina, mein Gedicht,
und kennst den bildungsfernen Pöbel nicht!
Wer läßt sich meines Verses wegen taufen!
O mein Gedicht, es wird im Sand verlaufen!

Ich weiß, wie Schdanow dein Gedicht verwarf!
Den Bolschewiken war's zu wenig scharf!
Auch mein Gedicht, Marina, ist kein Messer!
Nicht ausgestorben sind die Dichterfresser!

Halt aus!

Halt aus, selbst wenn man dir die Kehle zudrückt!
Seneca

Wenn sich die Lust zu schreiben mindert,
weil du das Ende nahen fühlst,
und dich die Hand beim Schreiben hindert,
den Ärger du hinunterspülst

mit Wein, auch schärferen Getränken,
wirf trotzdem nicht die Feder fort,
denn über des Gebrechens Ränken
am Ende triumphiert das Wort!

Was mir immer noch bleibt

Mit meiner linken Hand halt ich die Geige,
und meine rechte ist es, die den Bogen führt.
Auch wenn ich mich nicht als der Meister zeige,
dem Beifall eines großen Publikums gebührt,

so darf ich doch in Orpheus' Himmel lugen.
Obwohl ich Bachs Chaconne spiel hundertmal von vorn,
versage ich bei doppelgriffgen Fugen –
dann flücht ich zu Euterpen, ihrer Brüste Born!

In der edlen musica Gewalt

Es fügte sich, daß ich, zehn Jahre alt ...
Oswald von Wolkenstein

Es fügte sich, daß ich, zehn Jahre alt,
erfuhr der edlen musica Gewalt!
Sie schlug mich augenblicks in Bande!

Sie hat der Geige liebliche Gestalt.
Ich streich sie, seit ich zehen Jahre alt, –
wohl noch im beinernen Gewande!

Spiel ich Bach

Spiel ich Bach, bin ich versöhnt
mit der Widrigkeit des Lebens,
wird die Stunde mir verschönt,
ist die Mühsal nicht vergebens.

Spiel ich Bach, klärt sich mein Sein,
sehe ich den Himmel offen,
strömen in die Seele ein
Bachens Glaube, Liebe, Hoffen!

Die Harfe

Gallwespe stach ins Eichenblatt.
Gallapfel wächst und nährt die Larve.
Gallapfel auch in dir, dein Herz.
Es nährt das Leiden und den Schmerz.
Spürst du in dir der Rippen Harfe,
die für sein Spiel gestimmt wer hat?

Alexander Skrjabin

Le Divin Poème
Alexander Skrjabin

Gelang je einem Menschen
ein göttliches Gedicht,
gelang es ihm in Tönen,
aus denen Gott selbst spricht.

L'Adoration de la terre

Le Sacre du Printemps
Igor Strawinsky

Ich bete an die Erde,
die meine Mutter ist,
in die ich eingehn werde,
wenn abläuft meine Frist.

Ich bete an die Erde,
die einstmals mich gebar,
die mich gebären werde
aufs neue wunderbar.

Ich bete an die Erde,
die wieder mich sich nimmt,
wenn ich vollenden werde,
was froh ich angestimmt.

Ich bete an die Erde,
die Mutter gut und wahr,
die mich gebären werde
aufs neue immerdar.

Nachtigallisch

Solowej
Alexander Alabijew

Sang je auf deutsch die Nachtigall?
Hat man auf russisch sie gehört?
Sie singt, was uns so sehr betört,
auf nachtigallisch überall!

Ein wenig russisch singt sie doch:
in dem Alabijewschen Lied,
was wohl beweist, daß immer noch
seit Urzeit sie der Kette Glied!

Ich schreib das augenzwinkernd hin,
dieweil ich an Netrebko denk,
die nachtigallsche Sängerin,
der Evolution Geschenk!

Adagio lamento

Pjotr Iljitsch Tschaikowskys
Pathétique nachempfunden

Wie war die Jugend licht,
der Jüngling hoffnungsfroh,
gelang ihm ein Gedicht!
Nun reißt das Alter roh

ihn aus des Schaffens Lust.
Des Herzens Zuversicht
verkümmert in der Brust.
Aus allen Versen spricht

jetzt Resignation.
Die Strophe des Gedichts
erscheint vorm Auge schon
als Flammenschrift des Nichts.

Morgendämmerung über der Moskwa

Nach Modest Mussorgskys *Chowanschtschina*

Der Kirchen Türme haben
statt Zwiebeln Wolken auf.
Es spiegelt ihr Gewölk
sich in der Moskwa Lauf,

als wüchsen aus der Tiefe
Kirchkuppeln bunt zuhauf,
bemalt vom Gold der Sonne,
der Morgenstern rot drauf.

Des Flusses sanftes Fließen:
ein feiner Glockenton,
ein Morgengruß, der mutet
mich an fast bayrisch schon.

Ein schönes Wasser

Ein schönes Wasser fließt einfach hin ...
Karl Krolow

Ein jeder wird mir zugestehn,
daß sie ein schönes Wasser ist,
die Amper unterm Weidenwehn
im Wind, seit je mir ein Psalmist.

Ihr schönes Wasser fließt dahin,
mir über Aug und Angesicht.
Wer weiß, ob ich bald Wasser bin,
ein sanftes, das wie ich dann spricht!

Flüsse

O Fluß, mein Fluß im Morgenstrahl!
Eduard Mörike

»O Fluß, mein Fluß im Morgenstrahl!«
rief Mörike im Überschwang.
Der meine fließt durchs Ampertal
mit Schilf und Sumpf und Froschgesang.

»O Fluß, mein Fluß!« rief Günter Eich,
mein Oderfluß, mein Heimatfluß,
der mir durchs Herz fließt schmerzensreich,
mein Fluß, der Fremdes dulden muß!

An der Amper

Nach einer griechischen Sage

Einsamer Sänger, stiller Rufer,
des seliger Ghaselensang
hinübertönt ans andre Ufer,
erwartungsfroh und sehnsuchtsbang.

Da löst sich drüben sacht ein Nachen,
darin der Fährmann Charon sitzt.
Er blickt mich an, ein helles Lachen
in seinem Falkenauge blitzt.

Er ruft mir zu: Hast du nicht, Sänger,
vor mir, dem Totenfergen, Angst?
Ob du vor mir, dem Seelenfänger,
der dich hinüberrudert, bangst?

Muß, Charon, ich auch fort von hüben,
nein, Angst hab vor der Fahrt ich nicht,
erwarten sehnsüchtig mich drüben
doch mein Gesang und mein Gedicht!

Vom Reisen

Ich bin in meinem Lehen nie gereist.
Ich harre wohlgemut der ersten Reise,
die meine letzte sein wird, wie du weißt.
Ich werde reisen still und heimlich, leise,

in einem Kahn, des Fährmann Charon heißt.
Ich brauche keinen Guru, der mir weise
den Weg in dubiose Welten weist.
Als Zehrung regnet es mir Sternenspeise.

Am andern Ufer mich empfängt der Geist,
den ich in allen den Geschöpfen preise,
in den geliebten Bäumen allermeist,
der Atem wandelt in des Windes Weise.

Spiegelbild im Fluss

Fische an den Lippen saugen,
suchend, was verschweigt der Mund?
Wasser wischt sanft aus den Augen,
was entquillt der Seele Grund.

Wenn die Kiesel es zerreiben,
Spiegelbild im Fluß, zu Sand,
wohin aber wird er treiben,
Düne werden wo an Land?

Am Meer

Sei nur einen Augenblick still, und du hörst,
wie sie sich unterhalten,
der Strandhafer und das Meer!
Wenn du sie nicht störst
mit deinem Geschwätz,
erfährst du gewiß mehr
über der Schöpfung Schalten und Walten,
und wie dein Leben so letz!

Sand

Alles Fleisch zerfällt zu Sand,
den zur Düne häuft der Wind
irgendwo an Meeres Strand.
Ob sie dort zur Ruhe find?

Nein! Die Düne wandert und
übersandet Baum und Strauch,
so als such sie einen Mund,
welcher Odem in sie hauch.

Bruderschaft mit dem Stein

Nehm den Stein ich in die Hand,
nimmt er ihre Wärme an.
Bruderschaft, die uns verband
in der Urzeit, bricht sich Bahn.

Längst zerfallen meine Hand,
erodiert zu Sand der Stein,
wird mein Staub mit seinem Sand
brüderlich verbunden sein.

Der Stein

Hinter der klaren Stirn des Steins
vermute ich auch ein klares Denken.
Alle Geschehnisse des Seins,
vielleicht vermag der Stein sie zu lenken.

Ich nehme ihn ehrfürchtig in die Hand,
ahne in ihm göttliche Gedanken.
Erst wenn ich Staub, erst wenn er Sand,
fallen zwischen uns die Schranken.

Dieselbe Leere

Einen Felsen durchbohren …
Walter Helmut Fritz

Könnte ich mit meinen Gedanken
einen Felsen durchbohren,
wäre ich als Zauberer
oder als Gott geboren.

Einer von beiden zu sein,
habe ich nicht die Ehre,
wozu denn auch, ich blickte
durch das Loch im Felsen
doch nur in dieselbe Leere!

Der Walnussbaum

Er ist mein bester Freund von Kindheit an,
der Walnußbaum, schon neunzig Jahre alt.
Ich selbst mit einem Fuß in Charons Kahn,
ich find an ihm noch immer festen Halt.

Wir sind ein unzertrennlich Brüderpaar,
und fall ich der Vergänglichkeit zum Raub,
dann überlebt er mich kein halbes Jahr,
mir schwört's der Walnußbaum mit seinem Laub.

Der Baumgott

Ich bet den Gott der Bäume an,
der sich nicht rächt, nicht Zahn um Zahn,
nicht Aug um Aug, nicht Leid zuweist
wie Vater, Sohn und Heilger Geist.

Der Baumgott ist mir zugetan.
Ich weiß ihn mir in Charons Kahn,
schmeck ihn am Gaumen allermeist,
wenn er mit seiner Frucht mich speist.

Der Gott der Bäume mit mir spricht.
Er überhört mein Klagen nicht.
Ich schließ getrost die Augen zu,
spür ihn im Holz der Totentruh!

Seicht

Herr, mög der Bäume Beten dich erreichen …
Mascha Kaléko

Auch Bäume beten. Herr, vielleicht
erhörst du eher ihr Gebet
als meines, das dich nicht erreicht.

Wenn Nachtwind durch die Wipfel streicht,
die Blätter lispeln ihr Gebet,
verstumm ich, weil mein Wort zu seicht!

Das Ahornblatt

Einsamkeit. Niemand
will zu mir kommen, nur ein
Blatt vom Kiribaum.
Matsuo Bashô

Der einzige Besucher heut ein Blatt,
das mir der Wind durchs offne Fenster weht.
Es ist der Ahornbaum, der Mitleid hat
mit mir, weil noch kein Vers im Schreibheft steht.

Das Blatt, fünffingrig wie auch meine Hand,
schreibt mir famos statt meiner das Gedicht,
das auch nach langem Grübeln ich nicht fand,
und das mich lehrt, wie man als Dichter spricht.

Land der Sehnsucht

Fünffingrig zupft die Ahornhand
der Telegraphendrähte Saiten.
Mir klingt es wie ein Lied aus Samarkand,
aus einem Land der Sehnsucht und der Seligkeiten.

All Fasern meines Herzens schwingen mit.
Ich fürchte, daß sie reißen.
Wird mich das Land, um das ich litt,
willkommen heißen?

Die Pappel

Unter einer Pappel ruhn,
will mir recht behagen,
lauschend, was von Avalun
sie mir hat zu sagen.

Atemlos vernehme ich,
was sie kündet weise:
Avalun erwartet dich,
mach dich auf die Reise!

Die Wandlung

Pappelsamen hüllt mich ein,
mag ein weiches Polster sein,
leg ich mich zu Rast und Ruh,
mir die Augen fallen zu.

Sinkt ihr welkes Laub auf mich,
werd ich allen unsichtbar,
und mein Leib verwandelt sich
sanft in das, was er schon war.

Ein Sommertag

Ein lüstern Augenpaar
seh aus dem Laub ich spähen.
An einem Schleier sich
die Spinne müht zu nähen.

Kein schwarzer Trauerflor,
ein Schleier wohl für Bräute.
Die Wolken gelb und grün
wie Zauneidechsenhäute.

Der Frosch im Rosenteich
posaunt aus voller Lunge.
Ein zwiegespaltner Blitz,
schon züngelt Natternzunge.

Die Erbsen kichern, als
sich schnappt den Frosch die Schlange.
Ein Ohrenhöhler nimmt
die Raupe in die Zange.

Die Bohnen krümmen sich,
ich seh's genau, vor Lachen.
Dem Wasserkäfer dient
ein welkes Blatt als Nachen.

Den Erbsen platzen, horch!,
die prall gefüllten Schoten.
Wie Brechen klingt es mir
von reschen Krustenbroten.

Die Fliegen sammeln sich,
Verwesendes zu saugen.
Auf mich gerichtet sind
im Teich des Gründlings Augen.

Das Augenpaar im Laub
will nicht sich von mir wenden.
Ist's nicht der bärtge Pan
mit Blättern um die Lenden,

wer aber ist es dann,
des Augen mich verbrennen,
und der, ich ahne es,
mich wird beim Namen nennen?

Das Pfauenauge

Panta rhei
Heraklit

Das Pfauenauge blickt
mir in die Seele.
Was sieht es, das ich mir
wohl selbst verhehle?

Ich muß vor seinem Blick
mein Auge schließen.
Ich werde Wasser sein,
wie alles fließen.

Das Pfauenauge weiß,
ich kehre wieder,
fall auf die Erde sanft
als Tropfen nieder.

Sommerabend. Am Gartentisch sitzend.

Letzter Strahl der Sonne perlt im Glas wie Wein.
Trink ich aus, dann schenkt die Abendröte
einen Roten, duftend nach Burgund, mir ein.
Fingerfertig Wind spielt Weidenflöte.

Sanft vom Fluß herüber leiser Ruderschlag.
Zeit für mich, die Neige auszutrinken.
Nacht. Doch irgendwo beginnt ein neuer Tag.
Charon, horch!, läßt er das Ruder sinken?

Wenigstens das Gras

Nicht einmal mein Schatten bleibt zurück,
dort, wo ich am Mittag ging.
Keine Erinnerung hat an mich
der Schmetterling,

auch nicht der Staub, den ich aufgeschreckt hab
mit meinen Schritten.
Aber das Gras, das ich trat,
hat wenigstens das Gras um mich gelitten?

Gräser am Wege

Ich hab sie mit der Hand gestreift
unachtsam im Vorübergehn,
indes mein Blick ist abgeschweift
empor zu weißer Wolken Wehn.

Flög ich mit ihnen über Land,
ganz schwerelos und leicht wie Luft!
Was hält zurück mich? An der Hand,
der erdenschweren, Gräserduft?

Gras

Ich glaube, ein Grashalm ist nicht geringer
als das Tagwerk der Sterne.
Walt Whitman

Ich habe nie geringgeschätzt das Gras,
nahm nie am Tropfen Tau das Maß,
der glitzernd hell am Grashalm hing,
als blaß der Morgenstern verging.

Ich hab stets hochgeschätzt das Gras,
in dem ich eine Ordnung las,
die inwohnt auch der Sterne Gang,
und die der Schöpfung Lobgesang.

Schlehen

Blüte sein der Schlehe,
Blüte unter Blüten,
die das Wohl und Wehe
aller Wesen hüten!

Wissen, was die Schlehen
wissen, ihre Blüten,
welches Weltgeschehen
Dorngrasmücken brüten!

Säh ich wie die Schlehe
mit dem Aug der Blüte,
wer, wenn ich einst gehe,
mich dabei behüte!

Apfelblüte

Ich höre mich tief
in das Lautlose ein.
Heinz Piontek

Was die Blüte haucht,
hört das taube Ohr.
Was das Herz nicht braucht,
Unruh, bleibt davor.

In der Blüte Wort
hört das Ohr sich ein,
und das Herz wird Hort
stillen Friedens sein.

Was die Blüte spricht,
ach, ich hör es nicht!
In den Ohren gellt
mir der Lärm der Welt!

Phacelia

Nach Michail Prischwin

Das Tiefblau der Phacelia bewahr
ich immer noch in meinem alten Herzen.
Wie blau das Feld in meiner Jugend war!
Niemals gelang's, Erinnrung auszumerzen.

Nichts lenkte ab mich, nicht Physik, Musik,
Latein nicht, Griechisch – bin ich deshalb schuldig?
Zur Ewigkeit wird mir der Augenblick!
Phacelia erwart ich ungeduldig!

Die Poesie der Erde

The poetry of earth is ceasing never.
John Keats

Im Flügelsirren der Libelle
vernehmbar ist des Gottes Atemzug,
der über dunklen Nichtseins Schwelle
zum Licht des Daseins uns ins Helle trug.

Des Gottes Wort spricht nach die Quelle,
der Vogel schreibt es in die Luft im Flug.
Unsterblich nennt sich Immortelle.
Das ewig Leblose ist ihr genug.

Sich zu vermehrn teilt sich die Zelle.
Zur Aussaat reißt die Erde auf der Pflug.
An welches Ufer trägt die Welle
das Totenschiff mit Charon vorn am Bug?

Blick auf Arles mit Schwertlilien

Nie ist mir ein Gedicht
nach dem Bild Vincent van Goghs gelungen.
Mir fehlt das *südliche Licht*,
dem er sein Bild schmerzensreich abgerungen.
Blick auf Dachau mit Mooskolben –
das wäre doch eher etwas für mein Gedicht!
Hierfür genügte das nördliche Licht!

Das Schöne

Für den einarmigen Wittgenstein
komponierte Ravel
das *Klavierkonzert für die linke Hand.*

Die Blüten an des Mandelbaumes einzgem Ast,
Ravel hat sie für Wittgenstein gesetzt in Töne.
Unsagbar leicht wird allen Leidens Last,
denn aus Verlust und Qual erwächst das Schöne.

Am Zaun die weissen Winden

Wie zärtliche Schalmeien
die Kelche weißer Winden
am Zaun in lichten Reihen,
woanders nicht zu finden

als im besonnten Garten.
Sanft blasen um die Wette
die Winden ihre zarten
Septette und Oktette.

Ob Mozart sie belauschte,
der Winden Melodeien,
und sie in Noten setzte,
unsterblich sie zu weihen?

Im August

Einsamer nie als im August ...
Gottfried Benn

Einsamer nie als im August,
wenn alle Rosen stehn in Brand
und Feuer loht in einer Brust,
zu löschen nicht durch eine Hand.

Einsamer nie als im August,
da alles, was man liebwert fand,
zu Asche wandelt sich, die Lust
zu leben und der Rosen Tand.

Einsamer nie als im August,
da jede Käferspur im Sand
den Weg dir weist, den gehn du mußt
in das uns vorbestimmte Land.

Die Stachelbeere

Gestreifte Stachelbeere,
sie harrt des harschen Schritts
des Gärtners, seiner Schere,
des raschen, scharfen Schnitts.

Wer zwischen ihren Streifen,
gezognen Zeilen, liest,
der wird vielleicht begreifen,
wie bang der Beere ist.

Es hat ein jedes Wesen
vor seinem Ende Angst,
und deutlich kannst du lesen,
daß du am meisten bangst.

Die Beere birgt den Samen,
den Keim zu neuem Sein.
Spricht dir der Tod das Amen,
was aber bringst du ein?

Der Apfel I

In meiner Hand sich rundet
der Apfel sanft zur Brust.
Der Traube Trunk mir mundet.
Noch beut der Sommer Lust.

Doch alle Lust schlägt Wunden.
Wie sehr ich mich verzehr
nach Daphnes Brust, der runden,
ach, meine Hand bleibt leer!

Der Apfel II

Nein, sie (die Pflücker) vergaßen ihn nicht,
sie konnten ihn nur nicht erreichen ...
Sappho

Nein, er vergißt ihn nicht,
den Apfel in der Brust!
Wann er den Apfel bricht
nach Laune und nach Lust,

du weißt es nicht, derweil
in dir der Apfel reift,
und der dem Pflücker feil,
der lässig nach ihm greift.

September-Song

Ach, wie muß ich mich jetzt härmen,
weil die Sonn nur schwach noch scheint!
Nachts mußt du die Füß mir wärmen,
sonst vereist, was fleischt und beint!

Ach, mich friert's bis ins Gedärme,
und mein Herz vor Frösten greint!
Such jetzt wieder deine Wärme,
die entbehrlich ich gemeint!

Welken hin Balkong-Geranien,
tut der linke Zeh mir weh!
O wie warm wär's in Meranien,
wo die Traube blaut am See!

Horch, wie laut die Stare lärmen!
In den Süden lockt's den Schwarm!
Ich gerate fast ins Schwärmen,
aber auch bei dir ist's warm!

Wärmer wärmte die Madleine,
aber die weilt in Paris!
Lieg mit dir statt an der Seine
halt im warmen Isarkies!

Amor fati

Das Weizenfeld, der Mohn, die Raden
sind mir Vertraute und Begleiter
auf allen meines Daseins Pfaden,
ob sie nun dunkel oder heiter.

Die Dahlien, Astern, Anemonen,
ich habe teil an ihrer Stille.
Ich darf in ihrer Mitte wohnen
bei Biengesumm, Gezirp der Grille.

Ich lausch des Laubes Zauberzungen,
die mich der Bäume Sprache lehren,
und halt ich einen Baum umschlungen,
will nichts ich als sein Sein begehren!

Wie innig doch mit allen Wesen
die Lebenden und auch die Toten
verbunden sind! Ich kann es lesen
im Flug der Falter, Edens Boten.

Seh ich der Gräser sanftes Siechen
– als Dufthauch ihre Seel'n entschweben –,
blick ich dem Unabänderlichen
ohn Furcht entgegen, neuem Leben!

Herbstanemone

Herbstanemone haucht aus holdem Mund
ihr unerhörtes Wort uns in das Ohr.
Wer immer sie zur Künderin erkor,
er tut vergeblich seine Botschaft kund.

Wer Ohren hat zu hören, stellt sich taub.
Die Botschaft, die ihm gilt, er hört sie nicht.
Wer noch nicht fiel der rauhen Zeit zum Raub,
der hört vielleicht, was aus der Blume spricht.

Remember

Rosen – schwärende Wunden.
Bin ich es, bist es du,
ans Balkenkreuz gebunden?
Die Götter schauen zu.

September sanft verblutet.
Des Lichtes Lanzenstich.
Das Leid, uns zugemutet,
was zählt's schon unterm Strich!

Der Götter Schenkelklopfen.
Gelächter dröhnt durchs All.
Du bist nur ein Tropfen
in des vergossnen Blutes Schwall!

Es legt dir sanft September,
wenn du verstummen mußt,
ein zärtliches Remember
von Rosen auf die Brust.

Astern

Astern – Blumen der Trauer,
violett wie des Priesters Gewand.
Mich erfaßt ein ehrfürchtiger Schauer,
halt ich sie in der Hand.

Astern – Schmuck der Altäre,
dargebracht dem leidenden Herrn.
Ich ertrage meine Schwäre
als mein eigenes Opfer gern.

Astern – sänftigend die Roheit der Särge,
ihr mißbrauchtes, Harz weinendes Holz.
Hinüberrudert der Ferge,
was übrigblieb von eines Mannes Ehrgeiz und Stolz.

Der Kranichkeil

Mir ist, als ob der Kranichkeil
mein Herz in zweien Hälften teil.
Die eine Hälfte fällt zurück
zur Erde, findet dort das Glück.

Die andre mit dem Kranichkeil
sucht in der Flucht, im Flug ihr Heil,
zur Erde sehnend sich zurück,
zu seiner zweiten Hälfte Glück.

Tröst dich, Herr Heinrich!

Uns ist zergangen der liepliche summer.
Dâ man brach bluomen, dâ lit nu der snê.
Heinrich von Morungen

Du liegst längst, Herr Heinrich, im Schlummer,
dein Bett ist die Erde, dein' Zudeck' der Schnee.
Doch ist auch *zergangen* dein Kummer,
und tut dir dein Herz nicht noch weh,

da fremd ward die Heimat? Die Erde
doch, tröst dich, ist heimatlich blieben,
aus der man seit je die Toten hervorrufen werde,
und heimatlich blieben die *bluomen*, der *snê*!

Heimat

Um mich ist Heimat.
Ludwig Thoma

Verachtet mir die Heimat nicht!
Sie ist euch Hegerin und Hort!
Und müßt ihr aus dem Dasein fort,
sei euch die Erde kein Gewicht!

Die Heimaterde sei euch leicht!
Sie sei euch sanfte Ruhestatt,
bis euch der Ruf: Steht auf! erreicht,
die Seele e w g e Ruh nun hat!

Das Haus am See

Das Haus, es spiegelt sich im See.
Ich seh, wie ein und aus ich geh
als Abbild meiner Selbst, am Tisch
mich niederlaß bei Frosch und Fisch.

Wir sitzen, brüderlich vereint,
beim Mahl. Zwiefach der Mond uns scheint.
Lischt seine Lampe oben aus,
wird dunkel unten auch das Haus.

Der Frosch und ich im Zwiegespräch.
Was, wenn der Fisch sein Schweigen bräch?
Was Ungesagtes käm zutag,
daß ich verstummt' auf einen Schlag?

Ohne Scham

Die täglichen Verrichtungen banal!
Der Kamm hat eine Wichtigkeit, die schmerzt!
Wir wissen es: Der Tod ist ein Skandal!
Das Haus verlassen wir, eh wir geherzt!

Die Ampel zeigt mal grün, mal gelb, mal rot,
und wer bei Rot die Fahrbahn überquert,
fährt den ein Auto nicht mit Rechten tot?
Warum denn auch verhielt er sich verkehrt!

Gewandelt hat sich jegliche Moral!
Wir tanzen unterm Sternendornenkranz,
des Menetekels flammende Fanal
mißachtend, ohne Scham den Totentanz!

Eingemauert

Eingemauert in meinen vier Wänden
die Luft, die Stille, die Einsamkeit.
Sie lassen sich mit meinen Händen
nicht greifen, nicht halten läßt sich die Zeit.

Sie zerrinnt mir zwischen den Fingern.
Durch das Stundenglas rieselt der Sand.
Mein Herz gerät ins Schlingern,
versinkt in einem längst untergegangenen Land.

Wenn es das Land meiner Sehnsucht wäre,
ich ließe es freudig geschehn!
Ich brauche nicht Charons Fähre,
mir genügt das Untergehn!

Eingemauert in meinem Leib
meine nach Freiheit wimmernde Seele.
Das Atmen ist mein Zeitvertreib.
Mein Name weint auf des Mondes Stele.

Am Fenster

O men dareis ouk-oun paideuetai
Menander

Draußen geschieht nichts von Bedeutung.
Doch in dir beginnt schon die Häutung
des Herzens, und du ziehst die Vorhänge zu,
bist mit dem Schmerz auf du und du.

Du nennst den Schmerz deinen Bruder.
Er hat dir von Jugend an etwas bedeutet,
und übernimmt Charon das Ruder,
findet er ein Herz vor, schön gehäutet.

Das Marmorköpfchen

Nach Valerij Brjussow

Ich habe bis zum Wahnsinn sie geliebt,
und doch hab Nina ich verlassen.
Ach, vor ihr Bild sich grauer Nebel schiebt,
wenn nachts ich irre durch die Gassen.

Ich trink im Heumarkt bis zum Übermaß
und habe Nina bald vergessen.
Ich spiele und verlier, ein rechtes Aas,
vergnüge mich auch mit Mätressen.

Doch cines Tags im Offizierssalon,
mich labend grad an einem Tröpfchen –
wohllüstig näselte das Saxophon –,
sah ich im Eck ein Marmorköpfchen.

Jäh ward ich nüchtern, wie elektrisiert,
ach, sollten mich die Sinne trügen:
Das Bild fünfhundert Jahre existiert –
mit Ninas ewig jungen Zügen!

Ein Seher muß er wohl gewesen sein,
der Meister aus dem Mittelalter,
schuf Ninas Bild aus weißem Marmorstein,
als läs er in der Schöpfung Psalter,

in dem schon schlummerte ihr Köpfchen süß,
in unsrer Zeit hell zu erstrahlen.
Schenk Gnade, Herr, daß meine Schuld ich büß,
mich läutern meiner Seele Qualen!

Im Ätherrausch

Wenn der Äther, Wolken tragend ...
Johann Wolfgang von Goethe

Ich kenn den Äther als Narkosemittel,
die weiße Wolke als der Schwester Kittel.
Der Äther mich in Traumgefilde trägt,
dieweil an mir man schneidet, schnipselt, sägt.

Ich weiß, der Äther ist das beste Mittel,
sich zu erwerben einen Doktortitel,
ganz ohne Rigorosum, wie es Kult,
nenn ich doch selber mich schon Dr. mult.!

Unser Mitleid

Unser Mitleid gilt den Tieren,
die wie wir sich artikulieren,
doch der stummen Kreatur
gilt ein Achselzucken nur.

Käfer, Schmetterling, Libelle,
Veilchen, Aster, Immortelle,
sind dem Schöpfer zwar gelungen,
haben aber keine Zungen,

sich uns Menschen mitzuteilen,
weshalb wir nicht lang verweilen.
Ganz was anderes beim Hund,
wenn er jault, hat er ’nen Grund,

und wir eilen, ihn zu kraulen,
daß er aufhört, laut zu waulen.
Doch wer streichelt einen Pilz,
wenn ihm wehtut seine Milz?

Unser Mitleid gilt den Mäusen,
aber leider nicht den Läusen,
die zerdrückt man wie die Nisse
achtlos ohn Gewissensbisse!

Oh wie lieb uns sind, die singen,
was gelingt nicht Engerlingen!
Gut, daß diese sich verpuppen,
drum nicht klingeln können, hupen!

Jeder wäre doch beklöpfelt,
der mit einer frechen Klette,
der vor Nass die Neese tröpfelt,
ansatzweise Mitleid hätte!

Ein Aschenrest die Nacht

Mir war der Sommertag ein Fest.
Die Königskerzen brannten hell.
Was blieb von ihm: ein Aschenrest,
die Nacht. In mir der Herzrebell

der aufbegehrt – doch gegen was?
In meinem Innern Aufruhr tobt!
Vom Himmel höhnt der Mond, dies Aas,
oh, diese Hostie, hochgelobt!

Was aber blieb vom Sommertag:
ein Aschenrest, die graue Nacht!
Der Sohn, der einst in Banden lag,
ob er die Seelen selig macht?

Nacht

Ich horche in die Nacht hinaus.
Bin ich es noch? Werd ich erst sein?
Ich atme ein, ich atme aus,
bin ich lebendig nur zum Schein?

Es horcht die Nacht in mich hinein.
Was sich da schon erhorchen läßt!
Wann stellt das Herz sein Schlagen ein?
Nacht schreitet fort im Anapäst.

Eine neue Sprache

Wir werden in der andern Welt
wohl eine neue Sprache lernen.
Wir werden lernen von den Sternen,
und werden sprechen unverstellt.
Der Sterne Sprache ist das Schweigen,
und machen wir sie uns zu eigen,
sind wir dem Ewgen zugesellt!

Täuschung

Wer hielt noch kein Skelett in seinen Armen?
Charles Baudelaire

Wer hielt noch kein Skelett in seinen Armen,
von rankem Fleisch umhüllt zum Schein?
Wer konnte nicht beim Tanze sich erwarmen,
wenn Anmut vortäuscht das Gebein!

Wer konnte widerstehen holden Lippen,
die schwellend bergen faulen Zahn!
Fahr fort, an einem *süezen munt* zu nippen,
dich fällt des Todes Fäule an!

Wer hielt nie einen schlanken Leib umschlungen!
Spürst du die Todeskälte nicht,
den eklen Pesthauch aus verkrebsten Lungen?

Verstummt, vermodert längst der Sänger Zungen,
die, Saiten zupfend, im Gedicht
die Frauenminne, tausendfach besungen!

Der Tod

Du bist nicht allein, wenn du bangst.
Auch der Strandhafer hat Angst
vor der wandernden Düne.

Du stehst nicht allein auf der Bühne,
agierst nicht allein im Rampenlicht.
Immer lauert im Hintergrund der Bösewicht

mit dem Dolch im Gewande.
Du leierst dein auswendig gelerntes Gedicht,
und wenn er dareinspricht,
macht er deinen Auftritt zuschanden.

Ja, auch wir Menschen

Der Tod, die Generalüberwältigung
Novalis

Gemeiner bin ich, er der General,
hab zu gehorchen, wenn er mir befiehlt.
Zu widersprechen hab ich keine Wahl,
wenn er auf meine Brust vergnüglich zielt.

Er hat der Helfershelfer schier genug:
Willfährig sind ihm Cholera und Pest,
ja, auch wir Menschen, scheinbar weise, klug,
bereiten selber uns das Totenfest!

An den Tod

Death, be not proud!
John Donne

Hast keinen Grund, so stolz zu sein,
obwohl die Menschen schrein nach dir!
Du bist nicht furchterregend, Tod,
nicht mächtig, Tod, so scheint es mir!

Du denkst, du überwältigst mich.
Du denkst, du habest mich besiegt,
wenn mein erstorbner Körper kalt
und starr auf deinem Karren liegt.

Ist auch der Schlaf dein Bruder, Tod,
ich freu mich seiner, liebe ihn!
Da ihr Gebrüder seid, so laß
ich froh die Seele mit dir ziehn!

Erst mit hundert

Des Todes Bildnis kann mich nicht entsetzen!
Alexander Puschkin

Des Todes Bildnis kann mich nicht entsetzen!
Was soll ich mein Gesicht mit Tränen netzen!
Was soll die Todesfurcht es jetzt entstellen,
ich höre schon der Totenmesse Schellen,

am Sarkophag das Schmettern der Fanfaren,
da ich noch lustig bin mit achtzig Jahren!
Erst wenn ich hundert bin, les ich im Psalter,
werd fromm, mich fühlend keineswegs als Alter!

Vanitas Karner

Schädel döst an Schädel.
Wüßte gern, was man so träumt!
Ob man halst ein Mädel
oder sich vor Schmerzen bäumt?

Zärtlich seh ich liegen
Schenkelbein bei Schenkelbein.
Wirbelsäulen wiegen
sich im Tanz und brechen ein.

Deutlich hör ich's knacken!
Welch ein Totenfirlefanz!
Wann beug ich den Nacken
meiner knöchernen Instanz?

Ignorantia mystica

Ich weiß nicht, was ich bin ...
Angelus Silesius

Bin ich ein Tropfen nur
in vieler Tropfen Meer?
Mein Herz ein Hüpfen nur
in vieler Herzen Heer?

Ist meines Atems Hauch
ein Lüftchen nur im Sturm?
Ist meine Stimme Rauch
und Schall? Bin ich ein Wurm,

den man zertritt, nur Staub,
ein Stäubchen nur? Bin ich
ein Blatt im Sternenlaub,
ein Licht, das rasch verblich?

LACHEN

Der Tod, das ist die kühle Nacht,
Das Leben ist der schwüle Tag.
Heinrich Heine

Als ich dies las, hab ich gelacht,
da war ich jung, ’s war Frühlingstag,
pfiff auf den Tod, *die kühle Nacht*,
da ich in Liebesbanden lag.

Jetzt bin ich alt, um mich ist Nacht,
vergangen ist *der schwüle Tag*,
und dennoch: Meine Seele lacht,
die immer noch nicht weinen mag!

Mit alten Augen

Mit alten Augen ...
Walter Helmut Fritz

Ob Wolke, Segelboot, ob Schwan,
die Augen unterscheiden's nicht,
und trittst du, Tod, an mich heran,
dann nur im Königskerzenlicht,

damit ich dich erkennen kann
–Nur was ich sehe, fürcht ich nicht! –,
und wenn ich *bittlich* sein darf, dann
mit einem schläfernden Gedicht!

Das Augenlicht

Schon trübt sich mir das Auge,
wie Asche fällt der Schnee.
Wenn ich zu nichts mehr tauge,
ob's Zeit ist, daß ich geh?

Kann ich auch nicht mehr springen
wie früher übers Seil,
ich könnte ja noch singen,
die Stimme ist noch heil!

Ich könnte ja noch summen
ein Lied und ein Gedicht!
Muß ich denn schon verstummen,
fehlt mir das Augenlicht?

Grammatik der Liebe

Und er zog die Grammatik der Liebe
aus der Tasche und überlas beim Schein
des Abendrots langsam die Verse ...
Iwan Bunin

Die ersten Verse schrieb ich in ein Schulheft ein.
Da war ich siebzehn Jahre alt und büffelte
als Humanistenzögling Griechisch und Latein,
wobei ich auch in Liebesschmökern schnüffelte.

Viel las ich über Liebe, das ich nicht begriff.
Ich dichtete den Mond an und den Walnußbaum,
verspottete den scharfen Mathelehrer, der mich schliff,
in Versen, doch von Mädchenzöpfen träumt' ich kaum.

Bis eines Tages in der Bank vor mir s i e saß,
ein Wesen wohlgerundet, einer Göttin gleich!
Ihr widmete ich Vers um Vers ganz ohne Maß,
worüber ich Latein und Griechisch fast vergaß.

Beim Schein der *grünen Lampe* wird mir Alten weich
ums Herz, les ich im Schulheft, das *Grammatik* war
der Liebe, lieb wie keine andre Jahr um Jahr,
und die ich gerne mitnähm in das andre Reich!

Noch einmal jung sein!

... ich atme wie durch ein vierfach
zusammengelegtes wollenes Tuch.
Fjodor Michailowitsch Dostojewski

Noch einmal jung sein, voller Lust
zu atmen, leicht und unbeschwert!
Kein Schmerz durchschauert noch die Brust.
Die Seele ist noch unversehrt.

Noch einmal jung sein, voller Lust
zu lieben und zu sein begehrt!
Nur Zuversicht erfüllt die Brust,
die gegen Resignation bewehrt.

Noch einmal jung sein, voller Lust
zu schaffen und zu sein geehrt
mit einem Orden an der Brust,
der alle andern Achtung lehrt!

Noch einmal jung sein, voller Lust
zu leben, noch nicht ausgezehrt
vom Alter, Hoffnung in der Brust,
daß alles sich zum Guten kehrt!

Jugend

Ach, Jugend kehrt nie mehr zurück!
Alexander Puschkin

Ach, Jugend kehrt nie mehr zurück,
die Zeit Nichtwissens, doch des Ahnens,
der Freude auf das künfge Glück!
Undenkbar fern die Zeit des Mahnens!

Ach, Jugend kehrt nie mehr zurück,
da Sturm und Drang sich Wege bahnen,
zum Werk sich formen Teil und Stück,
da senken sich noch keine Fahnen!

Ohne Schmerzen

Schmeckst du wie ich den Saft der Schmerzen?
Charles Baudelaire

Ich schmecke ihn, den Schmerz,
im Saft der Pomeranzen.
Er stimuliert mein Herz,
den Todestanz zu tanzen.

Bald gibt mein Leib sich hin
den Würmern zum Liebkosen,
und denen Lust ich bin
wie ehedem den Fosen.

Das gibt ganz ohne Schmerzen
im Grab ein heitres Spiel
mit Schäkern und mit Scherzen,
da ist der *wünne vil.*

Mit achtzig

Mit achtzig bin ich längst schon abgetan.
Es ist schon alles über mich geschrieben.
Bald abgebrannt ist meines Lebens Span.
Von Glauben, Hoffen, Lieben was geblieben?

In endlos langer Reihe Band an Band
im Bücherbord, den Motten nur zur Speise.
Den letzten Vers schreibt bald schon meine Hand.
Zu welchem Ziel mach ich mich auf die Reise?

Ist es nicht das ersehnte Avalon,
auf das verheißne Eden ich verzichte!
Für meine Mühn erwart ich keinen Lohn,
doch mögen Gnade finden die Gedichte,

die ich mir selber abgerungen hab –
mit Hilfe wohlgesonnener Euterpe,
die mich berührte mit dem Aronstab,
mir um die Schulter band des Ruhmes Schärpe?

Am Ende meiner Tage

Der Schwarm von wilden Bienen
nimmt seine Seele mit …
Hugo von Hofmannsthal

Geflügeltes soll es sein,
das sich meiner Seele erbarm
am Ende meiner Tage
und sie hinein
in den Himmel trage
zu IHM:
von wilden Bienen ein Schwarm:
Cherubim und Seraphim!

Die Bienen

Die Bienen summen süßen Sang.
Solang es solches Singen
auf Erden gibt, ist mir nicht bang,
mein Sein zu End zu bringen

in Frohsinn und in Fröhlichkeit,
und winkt mir dann die Stele,
so wachsen, ist ein Schwarm bereit,
wohl Flügel meiner Seele.

Die Seele I

Eh begraben wird der Leib,
flieht aus ihm die Seele,
daß sie unverweslich bleib,
sie nicht drück die Stele.

Haucht ein Falter übers Grab,
scheint's zu sein die Seele.
Ob sie Sehnsucht nach ihm hab,
ob der Leib ihr fehle?

Die Seele II

Indes die Würmer unsern Leib zerfressen,
schwebt unsre Seele schon in fernen Welten.
Von unserm fetten Lehm nährn sich Zypressen.
Die Seele darf im Garten Eden zelten.

Was soll der Körper wiederauferstehen
und mit der Seele wieder sich verbinden,
wenn ohne Last des Leibs im Atemwehen
des Gotts die Seele darf als Hauch sich fühlen!

Väter

Vaters Bart ist weiß durchblüht –
Es sind Apfelblüten, Vater.
Sergej Jessenin

Vater, er trug keinen Bart –
drum nicht Apfelblüten drin!
Wangen, fahl und knochenhart,
kampfgekerbt das kurze Kinn.

Flandern, das war keine Fahrt
in das Frühlings-Engadin!
Invalid zurückgekarrt,
brachte er sein Leben hin.

Harrte stumm der letzten Fahrt,
Kameraden stets im Sinn,
die in Flandern eingescharrt,
denen Gott sein Kreuz verliehn.

So sterben!

So sterben,
wie ich ihn einst sterben sah …
Friedrich Nietzsche

Der Totenmaske Anton Bruckners glich
das Antlitz meines Vaters, als er starb.
Erst jetzt auf seinen Zügen zeigte sich,
was wob in ihm, doch nie zutage trat,
erst offenbar ward in der Agonie:
des Sphärenklangs vollkommne Harmonie.

Als Pimpf, Anfang 1945

Ich hatte ein Gewehr aus Holz
und einen Helm aus Pappe.
Ich war auf meine Rüstung stolz,
war sie auch nur Attrappe.

Ich zielte auf des Feindes Brust,
wenn wir Soldaten spielten.
Vorbei war's mit der Kampfeslust,
wenn andre auf mich zielten.

Es machte mir auch keinen Spaß,
getroffen umzufallen.
Ich dämpfte meinen Feindeshaß,
ging mit der Mutter wallen

zum heilgen Rasso nach Grafrath:
Der mög mir Mut verleihen,
mich als ein tapferer Soldat
der Sache ganz zu weihen!

Der Vater, Weltkriegs-Invalid,
verachtete die Horden,
die zwangen mich in Reih und Glied.
Ich bin kein Held geworden!

1945

Die Mutter nahm aufs Stoppelfeld
mich mit zum Ährenlesen.
Das gab für Brot ein bißchen Geld.
Zuhause band ich Besen;

denn oftmals fiel die Schule aus,
wenn Bomberflotten nahten,
und manche Bombe traf ein Haus.
Meist spielten wir Soldaten.

Ich hatte Helm und Holzgewehr.
Der Feind ward totgeschossen.
Der Vater schimpfte sehr
auf mich und die Genossen.

Als alter Flandern-Invalid
hätt er zum Volkssturm müssen.
»Für die riskiere ich kein Glied,
solln mich am Hintern küssen!«

Er mahnte mich: »Halt bloß den Mund,
sonst werden sie mich holen!«
Mein Kampf hieß er ’nen Schund,
er sagte es verstohlen

und hinter vorgehaltner Hand.
Ich hatte gute Ohren.
Der Vater klagte um sein Land
und hielt es für verloren.

Mein geographisches Schicksal

Dein geographisches Schicksal ist dir bekannt …
Karl Krolow

O ja, ich kenn das meine!
Ich leb auf einem Boden,
den düngt die Asche
von Augen, Zungen, Hoden!

Ich trinke Tränen,
die nie versiegen, esse
das Gold von Zähnen
an Kopfsalat und Kresse!

Ich schreie meine
Gedichte in den Regen!
Ich spür Gebeine
des nachts sich zu mir legen!

Im Ampermoos

Die Asche der Verbrannten überzieht
das Ampermoos mit einer grauen Schicht.
Der Ringelnatter Häuting hier geschieht.
Libellenlarve öffnet sich dem Licht.

Im klaren Saubach die Forelle flieht
vorm sich im Wasser spiegelnden Gesicht.
Natur auch hier sich ungerührt vollzieht.
Zum Widersinn gerät mir das Gedicht.

Die Sprache der Toten

Deutsch zu sprechen, hast du dir verboten …
Doch wie sprichst du nun zu deinen Toten?
Berthold Viertel

Der Toten Sprache ist das Schweigen.
Mach sie beizeiten dir zu eigen,
dann kannst du mit den Toten sprechen,
noch ehe dir die Augen brechen!

Lehr mich lesen, Gott!

Wie ein großes Buch die Landschaft,
das ein Gott zu lesen gab …
Jaroslav Vrchlicky

Lehre mich zu lesen, Gott,
daß dein Buch ich lesen kann
und nicht wie ein Ochse trott,
ziehe stumpf des Seins Gespann!

Lehr mich lesen Wispergras,
lehr mich lesen Lispellaub,
lehr mich lesen irgendwas,
daß ich wieder an dich glaub!

Kein Ort auf dieser Welt

So sucht jeder die Flucht vor sich selbst.
Lukrez

Wohin denn vor dir selber flüchten?
Kein Ort auf dieser Welt, an den
du nicht dir selber folgst mit deinen Süchten,
an dem du nicht dich selber mußt besehn,

an dem aus angsterfüllten Augen
nicht anblickt dich die Furcht vorm Tod,
den du schon fühlst an deinem Herzen saugen,
und dessen Geifer brennt in ihm wie Jod!

Blockade

Manchmal hast du eine Blockade
angesichts des Bösen.
Nicht einmal eine Abendserenade
hilft sie zu lösen.

Du läufst im Abenddämmer
durch verlassene Gassen.
Nichts bewirken die Blockadehemmer,
die du geschluckt hast in Massen.

An den Schläfen zwei Hämmer, die dich pressen.
Sie werden deinen Kopf zermalmen.
Bald liegst du unter irdischen Zypressen,
harrend der elysäischen Palmen.

Eine Antwort

Wozu denn atmen?
Ossip Mandelstamm

Wozu denn atmen? Um zu leben!
Das Leben ist ein göttliches Geschenk,
ist Auftrag auch, daß wir, des eingedenk,
stets nach dem Wahren, Guten streben!

Wozu denn atmen? Um zu leiden!
Ein göttliches Geschenk ist auch die Qual,
ist Gnade, daß aus diesem Jammertal
geläutert wir und leichter scheiden!

Grabspruch

Hier lieg ich nach des Lebens Sturm
bei meinem lieben Bruder Wurm.
Er leistet nun in aller Furm
Gesellschaft meinem G'wissenswurm.

Von Grab-Sprüchen

Der Name auf dem Stein genügt,
mehr nicht; denn jeder Grabspruch lügt!

Er sei ein guter Mensch gewesen,
steht auf dem Marmorstein zu lesen.

Was heißt schon gut! Ein relativer
Begriff! Denn auch das Ungeziefer

ist gut in Ungezieferkreisen!
Es läßt sich auch der Schlechte preisen,

wenn in der Grube liegt der Mann
und keinem weiter schaden kann!

Grabschrift

... denn der Tod eines Gerechten ist Schlaf!
Kallimachos

Des Gerechten Tod ist Schlaf.
Aber dem folgt stets Erwachen!
Ewig währet nicht der Schlaf,
ewig nicht des Tods Hohnlachen!

Der hier schläft, wahrhaftig war
mutgen Wortes er Verfechter.
Wie er schläft als der er war,
so erwacht er als Gerechter!

Auferstehn

Wie wird die Wandlung einst geschehn?
Mit Leib und Seele auferstehn?
Verwandelt werden in ein Blatt,
das wiederum zu fallen hat

nach eines Unsichtbaren Willen?
Wie wird er unsre Hoffnung stillen?
Läßt er uns auferstehn als Rade?
Wär nicht mehr auferstehn nicht Gnade!

Die Strafe der Auferstehung

Can death be sleep, when life is but a dream?
John Keats

Ist Leben hloß ein Traum,
der Tod das wahre Leben,
ein Schlaf, aus dem wir kaum
uns lachend je erheben?

Warum uns aus dem Schlaf,
dem süßen Ruhen reißen!
Mit Auferstehung straf
kein Gott uns, wie verheißen!

Wir fielen in den Traum
zurück, aus dem wir wieder
erwachen müßten, kaum
sich schlossen unsre Lider!

Mein Tropfen Erde

... und wieder eingehen muß in das runde
Zion des Wassertropfens ...
Dylan Thomas

Im Meer des Universums ist die Erde
ein Tropfen nur, in den ich eingehn werde,
mein Tropfen Erde, Jahves runde Träne,
ein Tröpfchen in des Alls, des Leids Fontäne.

Mein Zion, überwölbt vom Halbmondbogen,
hell überstrahlt von Sternen, Synagogen,
mein Mutterbauch, in den zurück ich kehre,
mich gegen meine Auferstehung wehre!

Der Lärm der Stille

Der Lärm der Stille aus den Grüften
betäubt die Sinne, macht mich taub.
Wie unerträglich laut der Staub,
der quillt des nachts aus Grabesgrüften!

Wie unerträglich laut die Stille
aus tiefer Abgeschiedenheit!
Wie laut nach Auferstehung schreit
der Staub! Wie taub doch wessen Wille!

Stille

Stille wird sichtbar als Schnee.
Seine Lautlosigkeit
tut weh,
so wie die der Zeit,
die lautlos verrinnt,
so wie die der Ewigkeit,
die lautlos beginnt.

Daidalos

Er ist sich noch nicht im klaren,
ob er sie durchfliegen könne, die Morgenhelle,
so wie die Wolke,
oder ob er an ihr zerschelle.

Jedenfalls werde er versuchen,
die Stille zu durchdringen,
vielleicht gelänge es ihm vorzustoßen
bis zu den letzten Dingen.

Unser Los

Liebster Freund, kannst du nicht sehen,
Daß die Dinge, für uns sehbar –
nur ein Widerschein, ein Schatten
Derer, nicht dem Blick erspähbar?
Wladimir Solowjow

Freund, die Dinge, die wir sehen,
wohl sind derer Widerschein,
die uns nicht vor Augen stehen.
Unser Los ist, blind zu sein

für die transzedenten Dinge,
ach, zu sehn den Schatten nur,
der uns scheint als Vogelschwinge,
als des Vogelfluges Spur.

Angemessene Antwort

Also fragen wir beständig
Bis man uns mit einer Handvoll
Erde endlich stopft die Mäuler –
Aber ist das eine Antwort?
Heinrich Heine

Ich habe es mir abgewöhnt zu fragen,
da ich die Antwort schon im voraus weiß!
Zu fragen kann wohl nur ein Großmaul wagen!
Dem angemessen ist dann auch der Preis!

In meiner Stube

Ich bin in meiner Stube nicht allein.
Hier sind der Bücher, meine Freunde, viel!
Ich les mich in die *toten Seelen* ein,
bin Gogol, Tschechow, Seneca, Vergil,

bin Oblomow, leb abseits, fern der Welt,
die mir nichts gilt, nichts bringt als Ungemach!
In meiner Stube leb ich unverstellt,
wohl wissend, daß ich Acker sein werd, brach ...

In meiner Zelle

Beim Schein der *grünen Lampe* les ich gern,
am liebsten Tschechowsche Novelle.
Ich bin ganz Mönch in meiner Zelle
und feiere den auferstandnen Herrn

mit Tschechows Mönchen *in der Osternacht*.
Ich hör sie ihre Psalmen singen.
Herr, wird auch mir ein Psalm gelingen,
so daß ich jubeln kann: Es ist vollbracht?

Keine Garantie

Es wird nicht mehr so sein, wie es war.
Auch für die Zeit nach dem Tod, das ist klar,
haben wir keine Garantie,
und ob wir uns einfügen werden in die Harmonie
der Galaxien mit unserem pulverisierten Staub,
ist so ungewiß wie unser Wandel in elysäisiches Laub.

Inhalt

Michael Groißmeier im Allitera Verlag

Atemholen
Gedichte und Gedanken, 144 S., Paperback, € 14.–

Auferstehungslust
Gedichte. 144 S., Paperback, € 14.–

Charons Blick
Gedichte aus vierzig Jahren. 148 S., Paperback, € 14,–

Der Zögling
Roman. 148 S., Paperback, € 12.–

Die Wirklichkeit des Traums
Gedichte. 136 S., Paperback, € 14.–

Eiszapfenharfe
Kurzgedichte nach Haiku-Art. 88 S., Klappenbroschur, € 12.–

Garten meiner Kindheit
Gedichte. 104 S., Paperback, € 12.90

Im Leuchtkäferlicht
Haiku. 144 S., Paperback, € 16.–

Leben mit Bäumen
Gedichte und Gedanken. 140 S., Paperback, € 14.–

Mein irdisches Eden
Gedichte. 136 S., Paperback, € 13.50

Suche nach Avalun
Gedichte. 104 S., Paperback, € 12.–

Warum genügt uns nicht die Erde?
Gedichte. 136 S., Paperback, € 13.50